1. Lese-stufe

Henriette Wich • Katja Königsberg •
Katja Reider • Cornelia Neudert

Neue Erstlesegeschichten für Mädchen 1. Klasse

Mit Bildern von Betina Gotzen-Beek •
Kerstin Völker • Sabine Kraushaar
und Julia Ginsbach

Ravensburger Buchverlag

Bibliografische Information der Deutschen Nationalbibliothek:

Die Deutsche Nationalbibliothek verzeichnet diese Publikation
in der Deutschen Nationalbibliografie.
Detaillierte bibliografische Daten sind im Internet
über http://dnb.d-nb.de abrufbar.

1 2 3 4 5 E D C B A

Ravensburger Leserabe
Diese Ausgabe enthält Geschichten aus den Bänden „Elfengeschichten"
von Henriette Wich mit Illustrationen von Betina Gotzen-Beek (S. 5–32),
„Delfingeschichten" von Katja Königsberg mit Illustrationen von Kerstin Völker (S. 33–57)
„Hexengeschichten" von Katja Reider mit Illustrationen von Sabine Kraushaar (S. 58–77)
sowie „Ponygeschichten" von Cornelia Neudert mit Illustrationen
von Julia Ginsbach (S. 78–101)
© 2005, 2006, 2011, 2012 Ravensburger Buchverlag Otto Maier GmbH

© 2017 für diese Sonderausgabe
Ravensburger Buchverlag Otto Maier GmbH
Postfach 18 60, 88188 Ravensburg
Umschlagbild: Betina Gotzen-Beek
Konzeption Leserätsel: Dr. Birgitta Redding-Korn
Design Leserätsel: Sabine Reddig
Printed in Germany
ISBN 978-3-473-36524-1

www.ravensburger.de
www.leserabe.de

Inhalt

Elfen gibt es nicht, oder?

Sara mag Leni, sehr sogar.
Doch Leni sagt immer:
„Elfen sind ja ganz nett,
aber die gibt es
natürlich nur im Märchen."

Sara sagt: „Stimmt gar nicht.
Elfen gibt es wirklich."
„Nein!" – „Doch!" – „Nein!"
Sara findet das gar nicht lustig.

Sie weiß genau,
dass sie Recht hat.
Wenn sie es Leni
nur beweisen könnte!

Eines Tages spielen Leni und Sara
im Garten.

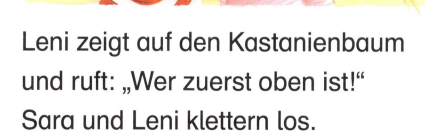

Leni zeigt auf den Kastanienbaum
und ruft: „Wer zuerst oben ist!"
Sara und Leni klettern los.

Am Anfang ist Leni schneller,
aber Sara holt bald auf.
Die Baumkrone ist schon ganz nah.
„Ich gewinne!", ruft Sara.

Plötzlich kracht hinter ihr ein Ast.
„Hilfe!", schreit Leni.
„Ich rutsche ab."
Sofort kehrt Sara um.

Doch bevor sie Leni retten kann,
sausen vier kleine Elfen herbei.

Zwei Elfen greifen unter Lenis Arme,
zwei packen sie an den Füßen.

Dann fliegen sie mit ihr
von Ast zu Ast nach unten.

10

Sanft und sicher setzen die Elfen
Leni auf der Wiese ab,
winken und flattern wieder davon.

Sara springt neben Leni
auf den Boden.

Sie zwinkert Leni zu.
„Glaubst du mir jetzt endlich,
dass es Elfen gibt?"

Leni strahlt. „Ja! Und sie sind noch
viel, viel toller als im Märchen."

Stella traut sich doch

Stella findet es toll
im Schullandheim.
Wenn Mirko nur nicht wäre!

Immer wieder taucht er plötzlich
hinter ihr auf und macht: „Huh!"

Dann erschrickt Stella furchtbar,
und Mirko ruft:
„Angsthase, Pfeffernase!"

Am liebsten würde Stella Mirko
auf den Mond schießen.

Aber er ist leider immer dabei,
auch bei der Fackelwanderung.

Im Wald ist es dunkel.
Die Bäume werfen lange Schatten.

Plötzlich huscht etwas
vor Stellas Füße.
„Aaaah!", schreit Stella.

Mirko lacht.
„Das war doch nur ein Igel.
Angsthase, Pfeffernase!"
Stella streckt Mirko die Zunge raus.
Die Schüler gehen weiter.

16

Irgendwann ruft Mirko:

„Ich hab meine Uhr verloren!"

„Ich suche sie", sagt Stella sofort.

Die Lehrerin schüttelt den Kopf.

„Es ist viel zu dunkel.

Wir suchen morgen gemeinsam."

„Schade", murmelt Stella.

Jetzt hätte sie Mirko zeigen können,
dass sie kein Angsthase ist!

Stella stapft langsam vor sich hin.
Auf einmal ist es still.

Die Klasse ist weg!
Stella erschrickt.
Sie hält sich an ihrer Fackel fest
und fängt an zu singen.

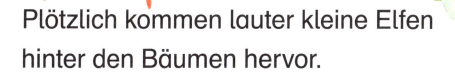

Plötzlich kommen lauter kleine Elfen
hinter den Bäumen hervor.

Sie fliegen neben Stella her
und singen mit – so wunderschön,
dass Stella vergisst, Angst zu haben.
„Danke!", flüstert sie.

Da sieht sie vor sich auf dem Boden
etwas glitzern: Mirkos Uhr!
Stella hebt die Uhr auf.

Dann hört sie die Lehrerin rufen.
Stella rennt los. „Ich komme!"

„Du hast meine Uhr gefunden,
cool!", sagt Mirko.

Vielleicht muss Stella ihn
doch nicht auf den Mond schießen.

Der Aufräum-Zauber

Spielen ist toll,
Aufräumen ist doof.

Juli weiß das.
Mama weiß es leider nicht.

24

Heute muss Juli
schon wieder aufräumen.
„Mist, Mist, Obermist!",
schimpft Juli.

Plötzlich kichert jemand hinter ihr.
Juli fährt herum.

Auf der Fensterbank sitzt
ein winziges Mädchen mit Flügeln.
„W… wer bist du denn?",
fragt Juli.

Das Mädchen fliegt zu Juli hinüber
und zwitschert: „Ich bin eine Elfe,
und ich liebe Aufräumen.
Soll ich dir helfen?"
„Was? Äh … ja, klar!", sagt Juli.

Die Elfe zückt ihren Zauberstab.
Julis Spielsachen wirbeln
durch die Luft.

Schon liegen sie ordentlich
nebeneinander im Regal.
Juli ruft: „Hurra! Danke!"

28

„Warte", sagt die Elfe.

„Ich bin noch nicht fertig."

Sie richtet den Zauberstab auf Juli.

Plötzlich dreht sich alles
in Julis Kopf wie ein Karussell.

Und – zack! – sitzt Juli
auf dem obersten Regal.

Die Elfe klatscht in die Hände.
„So, jetzt ist alles aufgeräumt!"
Juli muss lachen.

Da kommt Mama rein.

„Du warst ja schnell, Juli!

Aber was machst du denn da oben?"

Mama streckt die Arme aus

und fängt Juli auf.

„Tschüss!", zwitschert die Elfe
und fliegt zum Fenster hinaus.

„Hast du was gesagt, Juli?",
fragt Mama.
Juli schüttelt den Kopf. „Ich? Nö!"

Hilfe, ein Hai!

Mitten im großen Meer schwimmt
ein kleiner Delfin mit seiner Mutter.
Er lernt bei ihr alles,
was er wissen und können muss.

Der kleine Delfin und seine Mutter
tauchen bis auf den Meeresgrund.

Sie tanzen zusammen über die Wellen.
Seite an Seite springen sie hoch hinauf
und dann im Bogen wieder hinab.

Eines Tages darf er zum ersten Mal
mit auf die Jagd.
Seine Mutter und er jagen Sardinen.

Plötzlich sieht der kleine Delfin
in der Ferne einen großen Fisch
durch das Wasser flitzen.

„Was für eine prächtige Sardine!",
ruft er und will schnell hin.

Seine Mutter versperrt ihm den Weg.
Sie sagt: „Nein, das ist ein Hai!
Haie sind sehr gefährlich."

Am nächsten Tag tanzt die Mutter
mit ihren Freundinnen über die Wellen.
Sie lässt den kleinen Delfin
eine Weile allein.

Da schwimmt er ohne sie los.
Er hat Appetit auf Sardinen.

Leider begegnet ihm keine einzige.

Er trifft nur eine Qualle.

Aber die schmeckt ihm nicht.

Der kleine Delfin schwimmt weiter.

Er ist hungrig und müde.

Mit einem Mal sieht er in der Ferne
einen schlanken Schatten herumflitzen.
Ist das eine Sardine? Oder ein Hai?
Neugierig schwimmt er näher heran.

Der schlanke Schatten
kommt ihm entgegen.
Er kommt näher und näher!

Jetzt ist er kein Schatten mehr.

Was hat er für schreckliche Zähne!

Hilfe, ein Hai!

Der kleine Delfin macht kehrt.

Er schwimmt um sein Leben.

Der Hai schwimmt hinter ihm her.

Plötzlich rauscht es im Wasser.
Plötzlich zischt es und schnaubt es.
Der kleine Delfin atmet auf.

Ein Glück! Da ist seine Mutter
mit ihren Freundinnen!

Alle bilden eine lebendige Mauer
um ihn herum.
Sie lassen den Hai nicht durch.

Der Hai sieht ein,
dass er der Schwächere ist.
Er gibt auf und verschwindet.

Der kleine Delfin schwimmt
mit den anderen in eine stille Bucht.

Keiner schimpft mit ihm.
Alle sind froh,
dass er noch lebt.
Seine Mama fängt ihm eine Sardine.

Delfine bringen Glück

Nora springt aus dem Bett.
Heute ist ein schöner Tag.
Heute hat sie Geburtstag!

Sie rennt ins Wohnzimmer.
Dort warten schon Mama und Papa.

Auf dem Tisch liegen viele Geschenke.

Sieben Kerzen brennen auf dem Kuchen.

Nora packt aus: die ersehnten Inliner,
ein Buch, ein Spiel, ein blaues T-Shirt
und Schokolade.

Im letzten Päckchen ist
eine silberne Kette
mit einem Delfin-Anhänger.

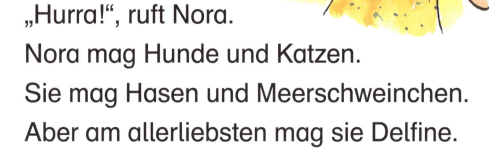

„Hurra!", ruft Nora.
Nora mag Hunde und Katzen.
Sie mag Hasen und Meerschweinchen.
Aber am allerliebsten mag sie Delfine.

Mama sagt: „Delfine bringen Glück!
Bestimmt das ganze Jahr und
vielleicht schon heute."

Papa sagt: „Ich habe noch
eine Überraschung,
die zu der Kette passt.
Wir fahren in den Meeres-Zoo."

Nora freut sich.

Sie kann kaum abwarten,

bis sie endlich losfahren.

Im Meeres-Zoo will Nora

als Erstes die Delfin-Schau sehen.

Sie setzen sich nach ganz vorn
in die erste Reihe.
Drei Delfine rauschen ins Becken.
Die Schau fängt an!

Ein junger Mann
stellt die Delfine vor.
Die beiden großen Delfine
heißen Susi und Paul.

Der kleine Delfin heißt
Willi und ist vier Jahre alt.

Plötzlich schnellen zwei Delfine
genau vor Nora in die Höhe
und lassen sich
wieder ins Wasser plumpsen.

Eine gewaltige Wasserwelle
schwappt über den Beckenrand.
Die Zuschauer kreischen vor Vergnügen.

Die Leute in der ersten Reihe
sind ziemlich nass geworden.
Aber Nora ist das egal.

Der junge Mann lacht und fragt sie:
„Willst du mir helfen?"

Schnell läuft sie nach vorn.
Noras Herz klopft vor Aufregung.

Willi steckt seinen Kopf
aus dem Wasser und
guckt sie freundlich an.

Nora macht alles,

was der junge Mann ihr sagt.

Sie füttert Willi mit einem Fisch.

Sie wirft einen Ball ins Wasser

und Willi holt ihn zurück.

Sie steigt in ein Boot und
Willi zieht sie durchs Wasser.

Zum Abschied winkt Willi
mit seiner Brustflosse.

Nora winkt strahlend zurück.

Mama hat Recht gehabt.

Delfine bringen Glück!

Holunda Hexen-Tochter

Holunda ist ein Mädchen
wie alle anderen.

Sie spielt gern Verstecken.
Sie mag kleine Katzen,
Gummibärchen und ihre Freundinnen.

Es gibt nur einen Unterschied:

Holundas Mama ist eine Hexe!

Aber – pst! – das darf keiner wissen.

Holunda mag Mamas Beruf nicht.
„Warum arbeitest du nicht in einem Büro
wie andere Mamas?",
fragt sie manchmal.

Dann zaubert Mama schnell
einen Vanillepudding für Holunda.
Zum Trost.
Aber das hilft auch nicht immer.

Heute bringt Holunda ihre Freundin Jule
mit nach Hause.

Oje, da liegen ja noch Mamas Zauberstab
und das große Hexenbuch!
Schnell weg damit!

Die Küchentür ist geschlossen.

Dahinter hext Mama das Mittagessen.

Warum kann sie nicht mal kochen
wie andere Mütter?, denkt Holunda.

Da kommt Mama schon mit dem Essen.
„Lecker!", ruft Jule. „Es gibt Hähnchen!"
Schon beißt Holunda in eine Keule.

Aber, oje, Holunda erwischt
einen Knochen.
Er bleibt ihr im Hals stecken!

64

Holunda hustet und hustet,
ihr Gesicht läuft rot an.

Mama klopft auf Holundas Rücken.
Aber das hilft nicht!
Was nun?

Da greift Mama nach ihrem Zauberstab:
„Hokuspokus eins zwei drei,
Holundas Hals sei potzblitz frei."

Und tatsächlich:
Holunda bekommt wieder Luft!
Zum Glück …

„Manchmal ist es doch gut,
dass ich eine Hexe bin, oder?",
meint Mama später und lächelt.

Da nickt Holunda und gibt Mama
einen ganz dicken Kuss.

Das Wetthexen

Die kleine Hexe Jorinde freut sich.

Heute treffen sich alle Hexen des Waldes

in ihrem Häuschen.

Und dann wird um die Wette gehext.

Nur Racker, Jorindes kleiner Hund,
muss draußen bleiben.

Die Ober-Hexe mag nämlich keine Hunde.
Dabei ist Racker sooo lieb!

Im Haus beginnt das Wetthexen.

Die Kräuter-Hexe hebt ihren Zauberstab

als Erste:

„Hokuspokus Schnecken-Schleim,

der Tisch soll aus Lakritze sein!"

„Nicht übel", sagt die Zucker-Hexe.

„Aber ich kann es besser:

Hokuspokus Schlangen-Ei,

das Zimmer sei voll Schoko-Brei!"

„Nicht übel", sagt die Wetter-Hexe.

„Aber ich kann es besser:

Hokuspokus Mäusewein,

im Wandschrank soll ein Donner sein!"

„Nicht übel", sagt die Ober-Hexe.

„Aber ich kann es am besten:

Hokuspokus Rattendreck,

die Zauberstäbe hex ich weg!"

„NEIN!", rufen die Hexen erschrocken.

Zu spät.

Alle Zauberstäbe sind verschwunden!

74

„Es tut mir so leid",
jammert die Ober-Hexe.
Aber das nützt jetzt auch nichts mehr.

Ohne Zauberstab kann keine Hexe hexen.
Was nun?

Da kratzt Racker an der Tür.
Nanu, was trägt er denn im Maul?

Jorinde jubelt: „Mein Zauberstab!
Racker hat ihn nach draußen geschleppt.
Deswegen wurde er nicht weggehext."

Schnell hext Jorinde
die anderen Zauberstäbe wieder herbei.

„Und wer hat das Wetthexen
gewonnen?", fragt die Kräuter-Hexe.
Na, wer wohl? – Racker!

Der Grashund

Marie wünscht sich ein Pony.

Aber Mama sagt: „Ein Pony! Oje!"

Und Papa sagt: „Ein Pony geht nicht.

Höchstens ein Hund."

Marie wünscht sich trotzdem ein Pony.

Sie geht zu ihrem Freund Jakob.

Jakob ist Bauer.

Leider hat er kein Pony auf seinem Hof.

Nur Hühner, Schweine und Kühe.

„Ich darf kein Pony haben.
Nur einen Hund",
erzählt Marie ihm traurig.

Jakob überlegt. Dann sagt er:
„Ich weiß genau, welcher Hund
für dich der richtige ist.
Komm morgen wieder,
dann kannst du ihn abholen."

Am nächsten Tag
holt Marie den Hund.

Zu Hause sagt sie froh zu ihren Eltern:
„Das ist Karli. Er ist ein Grashund."
„Ein Grashund?", sagt Maries Papa.
„Oje!", sagt Maries Mama.

Karli ist anders als andere Hunde.

Er mag kein Hundefutter.
Er frisst lieber Gras.

Nachts legt er sich
nicht gern in Maries Bett.
Er bleibt neben dem Bett stehen.

Wenn Marie mit ihm spazieren geht,
hebt er sein Bein nicht an den Bäumen.
Außerdem bellt Karli ganz merkwürdig.

Trotzdem liebt Marie ihren Grashund,
denn Marie kann auf Karli reiten!

Wie der Blitz jagen sie über die Felder,
kreuz und quer.

Leider macht Karli
sein Geschäft auf den Teppich.
Maries Mama sagt: „Das geht nicht!"

Und Maries Papa sagt:
„Nein, das geht wirklich nicht!
Karli passt nicht in eine Wohnung.
Er muss in einen Stall!"

Also kommt Karli zu Jakob
auf den Bauernhof.
Dort kann Marie ihn jeden Tag besuchen.

Sie bringt ihm Möhren und Heu
und sie reitet auf ihm über die Felder,
schnell wie der Blitz.

Das ist auch gut so,
denn in Wirklichkeit
ist Karli gar kein Grashund.
In Wirklichkeit ist Karli ein Pony.

Das Reitfest

Monis Pony heißt Antonio.
Das Pony ihrer Freundin Eva heißt Fritz.
Heute findet ein Reitfest statt,
bei dem beide mitmachen.

Sie putzen ihre Ponys,

flechten ihre Mähnen

und binden Bänder in ihre Schweife.

„Ich freue mich schon

auf das Hindernis-Reiten!", sagt Eva.

Moni freut sich auch

auf das Hindernis-Reiten.

Aber hoffentlich müssen die Ponys
nicht durch Wasser laufen!
Antonio ist nämlich wasserscheu.

Auf der Wiese vor dem Reiterhof
ist schon alles aufgebaut.

Da liegen Säcke voll Stroh,
um die die Ponys herumlaufen müssen.

Da liegen Stangen,
über die sie springen müssen.

Und – da ist ein Graben voll Wasser,
durch den sie hindurchlaufen müssen.
Oh nein!, denkt Moni.

Ein Mann verteilt die Startnummern.
Eva und Fritz haben die Nummer 12,
Moni und Antonio die Nummer 9.

Moni lässt den Kopf hängen.
Sie hat Angst, dass Antonio
vor dem Graben stehen bleibt.

Der Wettkampf beginnt.
Jedes Mal, wenn ein Pony
durch den Graben läuft,
spritzt das Wasser in die Höhe.

Moni flüstert Antonio ins Ohr:
„Bitte, lauf durchs Wasser!
Sonst werden wir verlieren!"

Antonio schüttelt sich.
Wasser ist so nass!

Jetzt wird die Nummer 9 aufgerufen.

Moni und Antonio sind dran.

„Viel Glück!", ruft Eva.

Antonio läuft brav um alle Säcke …

… und er springt über alle Stangen.

Dann kommt der Wasser-Graben.

„Bitte, lauf weiter!", flüstert Moni.

Antonio legt die Ohren an.

Wasser ist so furchtbar nass!

Aber er bleibt nicht stehen.

Er springt über den Graben.

Alle Zuschauer klatschen.

Das war ein toller Sprung!

Und Moni ist froh und stolz.

„Danke!", flüstert sie Antonio ins Ohr.

Leserabe Leserätsel

Rätsel 1

Elfengeschichten

Welches Wort stimmt? Kreuze an!

Leni fällt von einem
- ○ Berg
- ○ Besen
- ○ Baum

Stella findet die Uhr von
- ○ Mirko
- ○ Markus
- ○ Max

Juli bekommt Hilfe von einer
- ○ Ente
- ○ Elfe
- ○ Erbse

Rätsel 2

Delfingeschichten

Findest du die richtige Seite? Trage die Zahl ein!

Auf Seite ___ steht ein Mal **Meeresgrund**.

Auf Seite ___ steht ein Mal **Qualle**.

Auf Seite ___ steht ein Mal **Zuschauer**.

Hexengeschichten

Fülle die Kästchen aus!
Benutze nur Großbuchstaben: Katze → KATZE

103

Rätsel 4

Ponygeschichten

Fülle die Lücken aus. Trage die Buchstaben in die Kästchen ein. So findest du das Lösungswort für die Rabenpost heraus!

Marie wünscht sich ein [ ] [O] [ ]₂ [Y].
(Seite 78)

Karli ist ein [G] [R] [ ] [S]₁ [U] [ ]₃.
(Seite 81)

Monis Pferd ist
[ ] [A]₆ [ ] [S] [ ]₄ [ ] [S] [C] [ ] [U].
(Seite 92)

Antonio springt über den
[G] [ ] [A] [B] [ ] [ ]₅. (Seite 100)

LÖSUNGSWORT:

[ ]₁ [I] [ ]₂ [ ]₃ [E] [ ]₄ [ ]₅ [I] [ ]₆

104